Picture Dictionary

ENGLISH/
ITALIAN

More than 325 Essential Words

Dylanna Press

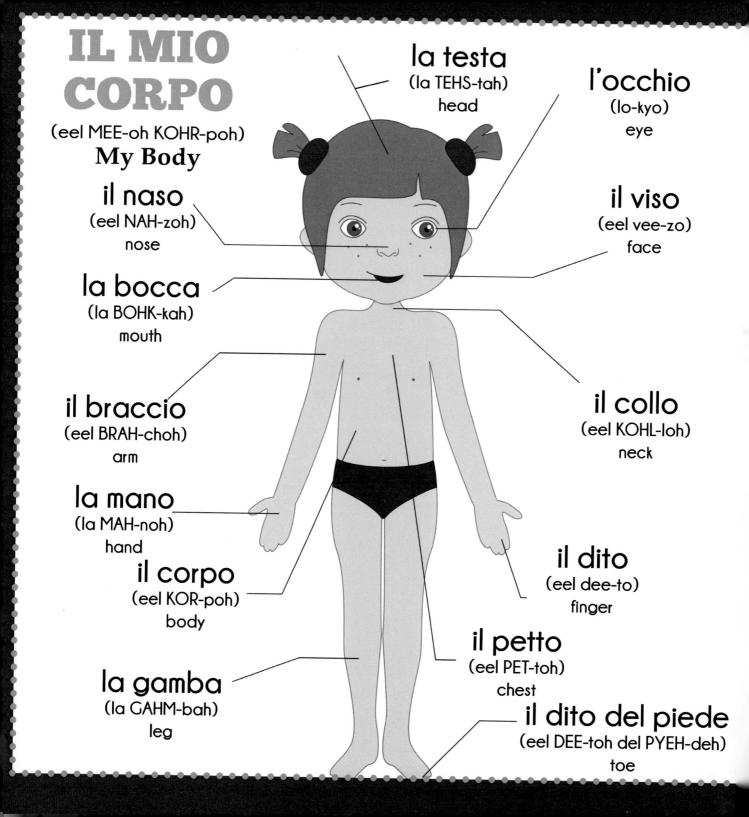

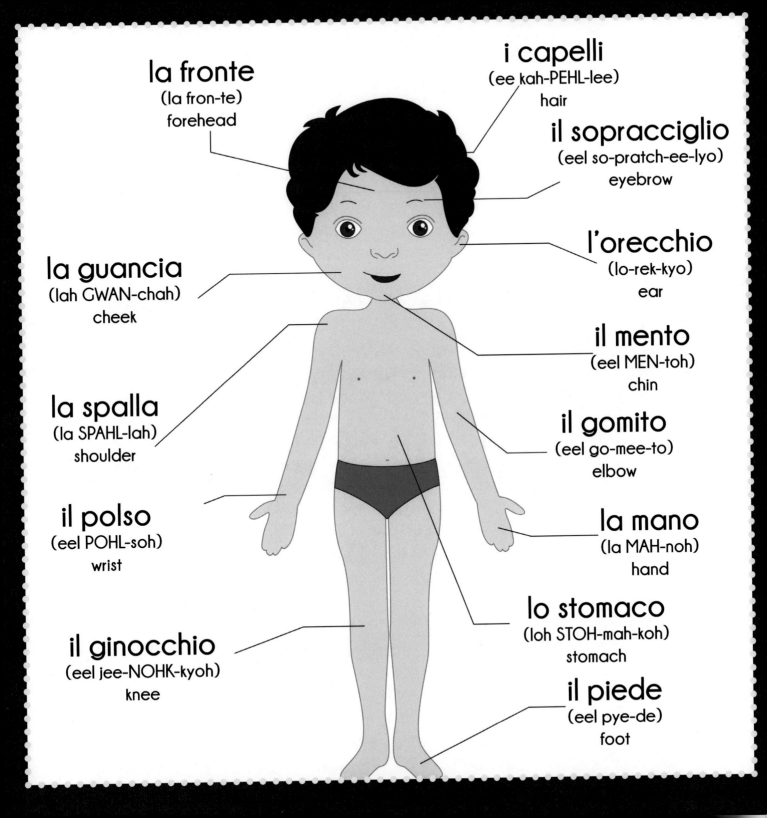

LA FAMIGLIA
(la fa-mee-lya)
Family

il fratello
(eel frah-TEL-loh)
brother

la madre
(la MAH-dreh)
mother

il nonno
(eel NOHN-noh)
grandfather

la nonna
(la NOHN-nah)
grandmother

lo zio
(loh TSEE-oh)
uncle

la zia
(lah TSEE-ah)
aunt

la sorella
(la soh-REHL-lah)
sister

il padre
(eel pa-dre)
father

la cugina
(lah koo-JEE-nah)
cousin

il cugino
(eel koo-JEE-noh)
cousin

LA MIA CASA
(la MEE-ah KAH-zah)

my house

il soggiorno
(eel sohj-JOHR-noh)

living room

la cucina
(la koo-CHEE-nah)

kitchen

la camera da letto
(lah KAH-meh-rah dah LET-toh)

bedroom

il bagno
(eel BAH-nyoh)

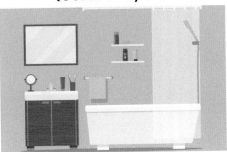

bathroom

le scale
(leh SKAH-leh)

stairs

la finestra
(la fee-NEHS-trah)

window

il camino
(eel ka-mee-no)

fireplace

la porta
(la por-ta)

door

il divano
(eel dee-VAH-noh)

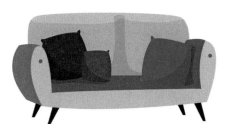

couch

la sedia
(lah SEH-dyah)

chair

la tavola
(eel TAH-voh-loh)

table

la lampada
(la LAHM-pah-dah)

lamp

la televisione
(la teh-leh-vee-ZYOH-neh)

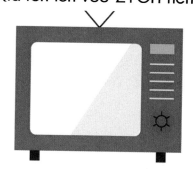

television

il comò
(eel ko-mo)

dresser

la scrivania
(la skree-va-nee-a)

desk

la libreria
(la lee-BREH-ree-ah)

bookcase

lo sgabello
(loh sga-BEHL-loh)

stool

NELLA CAMERA DA LETTO

(NELL-lah KAH-meh-rah dah LEHT-toh)

In the bedroom

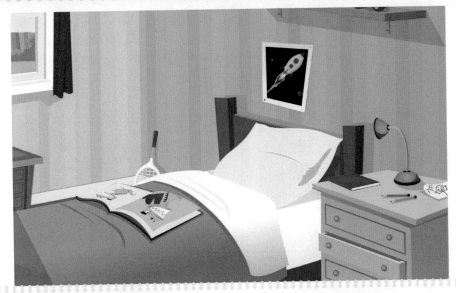

il letto
(eel LET-toh)

bed

il cuscino
(eel koo-SHEE-noh)

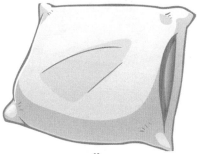

pillow

la coperta
(lah koh-PEHR-tah)

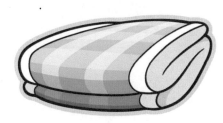

blanket

l'armadio
(lar-MAH-dyoh)

wardrobe

l'orologio
(loh-roh-LOH-joh)

clock

lo specchio
(loh SPEHK-kyoh)

mirror

LA CUCINA
(la koo-CHEE-nah)

kitchen

il frigorifero
(eel free-goh-REE-feh-roh)

refrigerator

la stufa
(la STOO-fah)

stove

la ciotola
(lah CHO-toh-lah)

bowl

La tazza
(lah TAHTS-tsah)

cup

il bicchiere
(eel bee-KYEH-reh)

glass

il tagliere
(eel tahl-YEH-reh)

cutting board

il coltello
(eel kohl-TELL-loh)

knife

la forchetta
(la for-ket-ta)

fork

il bollitore
(eel bohl-lee-TOH-reh)

kettle

la padella
(la pah-DEHL-lah)

pan

la pentola
(la PEHN-toh-lah)

pot

il piatto
(eel PYAHT-toh)

plate

il cucchiaio
(eel kook-KYAH-yoh)

spoon

la teiera
(la teh-YEH-rah)

teapot

la frusta
(la FROO-stah)

whisk

la lavastoviglie
(la la-va-sto-vee-lye)

dishwasher

il microonde
(eel mee-kroh-OHN-deh)

microwave

IL BAGNO
(eel BAH-nyoh)

bathroom

la vasca da bagno
(lah VAH-skah dah BAH-nyoh)

bathtub

il sapone
(eel sah-POH-neh)

soap

la spazzola
(lah SPAHT-tsoh-lah)

brush

le bolle
(leh BOHL-leh)

bubbles

il pettine
(eel PET-tee-neh)

comb

il rubinetto
(eel roo-bee-net-to)

faucet

la scala
(la SKAH-lah)

scale

lo shampoo
(loh SHAHM-poh)

shampoo

la doccia
(la DOHCH-chah)

shower

il lavandino
(eel lah-vahn-DEE-noh)

sink

la spugna
(la SPOON-yah)

sponge

il tazzoletto ai carta
(eel faht-tsoh-LEHT-toh dee KAR-tah)

tissue

il gabinetto
(eel gah-bee-NEHT-toh)

toilet

lo spazzolino da denti
(loh spaht-tsoh-LEE-noh dah DEHN-tee)

toothbrush

il dentifricio
(eel dehn-tee-FREE-choh)

toothpaste

l'asciugamano
(lah-SHYOO-gah-MAH-noh)

towel

la carta igienica
(la KAR-tah ee-JYEH-nee-kah)

toilet paper

I MIEI VESTITI
(ee MYEH-ee vehs-TEE-tee)
My Clothes

il costume da bagno
(eel koh-STOO-meh dah BAH-nyoh)

la blusa
(la BLOO-sah)

la cintura
(la cheen-TOO-rah)

belt

swimsuit

blouse

gli stivali
(lyee stee-VAH-lee)

il cappotto
(eel kahp-POH-toh)

il vestito
(eel ve-stee-to)

boots

coat

dress

i guanti
(ee GWAHN-tee)

la giacca
(la JAHK-kah)

il cappello
(eel kahp-PEHL-loh)

gloves

jacket

hat

i jeans
(ee JEENS)

jeans

la cravatta
(la krah-VAHT-tah)

necktie

i pantaloni
(ee pahn-tah-LOH-nee)

pants

la salopette
(la sah-loh-PET-teh)

overalls

la borsa
(la BOHR-sah)

purse

il pigiama
(eel pee-JAH-mah)

pajamas

la sciarpa
(la SHAR-pah)

la biancheria intima
(la byahn-keh-REE-ah EEN-tee-mah)

le scarpe
(leh SKAHR-peh)

scarf

underwear

shoes

la gonna
(la GOHN-nah)

skirt

le scarpe da ginnastica
(leh SKAHR-peh dah jeen-NAHS-tee-kah)

sneakers

i calzini
(ee kahl-TSEE-nee)

socks

gli occhiali da sole
(lyee ohk-KYAH-lee dah SOH-leh)

sunglasses

il maglione
(eel mahl-YOH-neh)

sweater

la maglietta
(la mahl-YEHT-tah)

T shirt

i collant
(ee koh-LAHN)

tights

i pantaloncini da bagno
(ee pahn-tah-lohn-CHEE-nee dah BAH-nyoh)

swim trunks

la felpa
(la FEHL-pah)

sweatshirt

IL CIBO
(eel chee-bo)

il pomodoro
(eel poh-moh-DOH-roh)

l'anguria
(lahn-GOO-ree-ah)

Food

tomato

watermelon

la mela
(lah MEH-lah)

l'arancia
(nah-rahng-hah)

la banana
(lah bah-NAH-nah)

apple

orange

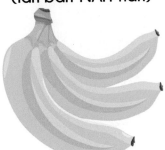

banana

le fragole
(leh FRAH-goh-leh)

il limone
(eel lee-MOH-neh)

la pera
(la PEH-rah)

strawberries

lemon

pear

l'insalata
(leen-sah-LAH-tah)

salad

il formaggio
(eel for-MAH-joh)

cheese

il pollo
(eel POHL-loh)

chicken

la spesa
(la SPEH-sah)

groceries

i pancake
(ee PAHN-kehk)

pancakes

il panino
(eel pah-NEE-noh)

sandwich

gli spaghetti
(lyee spah-GEHT-tee)

spaghetti

il toast
(eel TOH-ahst)

toast

il mais
(eel MAH-ees)

corn

il burro
(eel BOOR-roh)

butter

il riso
(eel REE-zoh)

rice

la torta
(lah TOR-tah)

cake

le noci
(leh NOH-chee)

nuts

l'uovo
(loo-o-vo)

egg

le patate
(leh pah-TAH-teh)

potatoes

il pane
(eel PAH-neh)

bread

le patatine
(leh pah-tah-TEE-neh)

chips

i biscotti
(ee bee-SKOHT-tee)

cookies

i popcorn
(ee pop-KOHRN)

popcorn

le patatine fritte
(leh pah-tah-TEE-neh FREET-teh)

french fries

il gelato
(eel jeh-LAH-toh)

ice cream

la carota
(lah kah-ROH-tah)

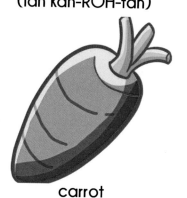

carrot

la pizza
(la PEET-tsah)

pizza

i broccoli
(ee BROH-koh-lee)

broccoli

il latte
(eel LAHT-teh)

milk

la cipolla
(la chee-POHL-lah)

onion

il tacchino
(eel tah-KEE-noh)

turkey

GLI ANIMALI

(lyee ah-nee-MAH-lee)

Animals

l'uccello
(loo-CHEL-loh)

bird

il gatto
(eel GAHT-toh)

cat

il cane
(eel ka-ne)

dog

l'anatra
(la-na-tra)

duck

l'elefante
(le-le-fan-te)

elephant

la volpe
(la vol-pe)

fox

il tacchino
(eel tah-KEE-noh)

turkey

la balena
(la bah-LEH-nah)

whale

il panda
(eel PAHN-dah)

panda

la rana
(la ra-na)

frog

il gufo
(eel GOO-foh)

owl

il coniglio
(eel koh-NEEL-yoh)

rabbit

il gallo
(eel GAHL-loh)

rooster

la scimmia
(la SHEEM-mee-ah)

monkey

il leone
(eel leh-OH-neh)

lion

l'alce
(LAHL-cheh)

moose

lo scoiattolo
(loh skoy-AHT-toh-loh)

squirrel

il serpente
(eel sehr-PEHN-teh)

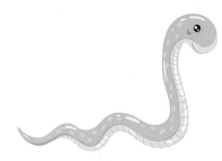

snake

il topo
(eel TOH-poh)

mouse

il pollo
(eel POHL-loh)

chicken

l'alligatore
(lal-lee-gah-TOH-reh)

alligator

l'orso
(LOHR-soh)

bear

il maiale
(eel mah-YAH-leh)

pig

la tartaruga
(la tar-tah-ROO-gah)

turtle

l'ippopotamo
(leep-poh-POH-tah-moh)

hippopotamus

la giraffa
(la jee-RAHF-fah)

giraffe

il cammello
(eel kahm-MEL-loh)

camel

il lupo
(eel LOO-poh)

wolf

la zebra
(la TSEH-brah)

zebra

il pesce
(eel pe-she)

fish

la mucca
(lah MOO-kah)

cow

la pecora
(la PEH-koh-rah)

sheep

la capra
(la KAH-prah)

goat

il cavallo
(eel kah-VAHL-loh)

horse

la tigre
(la TEE-greh)

tiger

la lumaca
(la loo-MAH-kah)

snail

il pinguino
(eel peen-GWEE-noh)

penguin

il gorilla
(eel goh-REE-lah)

gorilla

LA SCUOLA
(la SKWOH-lah)

lo scuolabus
(loh SKWOH-lah-boos)

l'insegnante
(leen-seh-NYAHN-teh)

school

school bus

teacher

i pastelli
(ee pah-STEL-lee)

la colla
(la KOHL-lah)

i quaderni
(ee kwah-DEHR-nee)

crayons

glue

notebooks

la pittura
(la peet-TOO-rah)

la matita
(la mah-TEE-tah)

il globo
(eel GLOH-boh)

paint

pencil

globe

lo zaino
(loh TZAI-noh)

backpack

la penna
(la PEHN-nah)

pen

il righello
(eel ree-GEHL-loh)

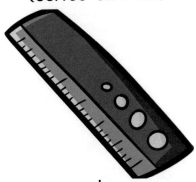

ruler

la calcolatrice
(lah kahl-koh-lah-TREE-cheh)

calculator

le forbici
(leh FOR-bee-chee)

scissors

la cucitrice
(la koo-chee-TREE-cheh)

stapler

il libro
(eel LEE-broh)

book

la scrivania
(la skree-va-nee-a)

desk

lo studente
(loh stoo-DEHN-teh)

student

IL TEMPO
(eel TEHM-poh)

weather

la nuvola
(lah NOO-voh-lah)

cloud

il fulmine
(eel FOOL-mee-neh)

lightning

la pioggia
(la PYOHJ-jah)

rain

la neve
(la NEH-veh)

snow

il sole
(eel SOH-leh)

sun

il tornado
(eel tohr-NAH-doh)

tornado

il vento
(eel VEHN-toh)

wind

l'arcobaleno
(lahr-koh-bah-LEH-noh)

rainbow

LE STAGIONI- THE SEASONS

l'inverno
(leen-VEHR-noh)

winter

la primavera
(la pree-mah-VEH-rah)

spring

l'estate
(leh-STAH-teh)

summer

l'autunno
(lah-oo-TOON-noh)

autumn

IL TRASPORTO
(trahns-pohr-tah-syohn)
transportation

l'aereo
(lah-EH-reh-oh)

airplane

l'ambulanza
(lahm-boo-LAN-tsah)

ambulance

la bicicletta
(lah bee-chee-KLET-tah)

bicycle

la barca
(lah BAR-kah)

boat

l'autobus
(LOW-toh-boos)

bus

la macchina
(lah MAH-kee-nah)

car

il camion dei pompieri
(eel ka-mee-on dey pom-pye-ree)

firetruck

l'elicottero
(l'eh-lee-KOHT-teh-roh)

helicopter

la motocicletta
(la moh-toh-chee-KLEHT-tah)

motorcycle

la macchina della polizia
(la MAHK-kee-nah DEHL-lah poh-lee-TSEE-ah)

police car

il razzo
(eel RAHT-tsoh)

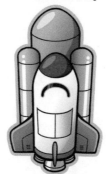

rocket

lo scooter
(loh SKOO-ter)

scooter

la nave
(la NAH-veh)

ship

il sottomarino
(eel soht-toh-mah-REE-noh)

submarine

il trattore
(eel traht-TOH-reh)

tractor

il treno
(eel TREH-noh)

train

il camion
(eel KAH-myohn)

truck

il carro
(eel KAHR-roh)

wagon

GLI SPORT – SPORTS
(lyee SPOHRT)

il guantone
(eel gwahn-TOH-neh)

il baseball
(eel BASE-ball)

il pallacanestro
(eel pahl-lah-kah-NEHS-troh)

glove

baseball

basketball

lo skateboard
(loh SKAYT-bohrd)

la racchetta da tennis
(la rah-KKEHT-tah dah TEHN-nees)

il fischio
(eel FEESH-kyoh)

skateboard

tennis racket

whistle

la boxe
(lah BOHK-seh)

boxing

la pesca
(la PEHS-kah)

fishing

il football americano
(eel FOOT-bahl ah-meh-ree-KAH-noh)

football

il golf
(eel GOLF)

golf

il pattinaggio
(eel paht-tee-NAHJ-joh)

skating

il karate
(eel kah-RAH-teh)

karate

il calcio
(eel KAHL-choh)

soccer

la vela
(la VEH-lah)

sailing

il tennis
(eel TEHN-nees)

tennis

VERBI D'AZIONE
(VEHR-bee dah-TSYOH-neh)
Action Words

strisciare
(gah-teh-ahr)

crawl

arrampicarsi
(ah-rahm-pee-KAHR-see)

climb

piangere
(p'yan-JEH-reh)

cry

bere
(BEH-reh)

drink

mangiare
(man-ja-re)

eat

saltare
(sahl-TAH-reh)

jump

ridere
(REE-deh-reh)

laugh

ascoltare
(ahs-kohl-TAH-reh)

listen

leggere
(LEHJ-jeh-reh)

read

correre
(KOHR-reh-reh)

run

sedersi
(seh-DEHR-see)

sit

dormire
(dohr-MEE-reh)

sleep

in piedi
(een PYEH-dee)

stand

parlare
(pahr-LAH-reh)

talk

camminare
(kahm-mee-NAH-reh)

walk

sussurrare
(soos-soor-RAH-reh)

whisper

abbracciare
(ahb-brah-CHAH-reh)

hug

rimbalzare
(reem-bal-ZAH-reh)

bounce

EMOZIONI – EMOTIONS
(eh-moh-TSYOH-nee)

impaurito/a
(eem-pow-REE-toh/tah)

curioso/a
(koo-REE-oh-zoh/zah)

triste
(TREE-steh)

afraid

curious

sad

arrabbiato/a
(ar-rahb-BYAH-toh/tah)

sorpreso
(sohr-PREH-soh)

felice
(feh-LEE-cheh)

angry

surprised

happy

GLI OPPOSTI – OPPOSITES
(lyee oh-POHS-tee)

sporco
(spor-ko)

pulito/a
(poo-LEE-toh/tah)

chiuso/a
(KYOO-zoh/zah)

aperto
(ah-PEHR-toh)

dirty

clean

closed

open

freddo
(FRED-doh)

caldo
(KAHL-doh)

chiaro
(kee-AH-roh)

scuro
(SKOO-roh)

cold

hot

light

dark

GLI OPPOSTI – OPPOSITES

vecchio
(VEHK-kyoh)

giovane
(JOH-vah-neh)

pesante
(peh-ZAHN-teh)

leggero
(leh-JEH-roh)

old

young

heavy

light

forte
(FOHR-teh)

silenzioso
(see-lehn-TSYOH-zoh)

giù
(joo)

su
(soo)

Shhh...

loud

quiet

down

up

GLI OPPOSTI – OPPOSITES

asciutto
(a-shoo-to)

bagnato
(bahn-YAH-toh)

morbido
(MOHR-bee-doh)

duro
(doo-roh)

dry

wet

soft

hard

tirare
(tee-RAH-reh)

spingere
(SPEEN-jeh-reh)

sopra
(SOH-prah)

sotto
(SOHT-toh)

pull

push

above

below

SALUTI – GREETINGS

ciao
(CHOW)

arrivederci
(ahr-ree-veh-DEHR-chee)

buongiorno
(bwohn-JOHR-noh)

buonanotte
(bwoh-nah-NOHT-teh)

hello

goodbye

good morning

good night

sì
(see)

no
(noh)

per favore
(pehr fah-VOH-reh)

grazie
(GRAH-tsyeh)

yes

no

please

thank you

I GIORNI DELLA SETTIMANA – DAYS OF THE WEEK

 Monday — **Lunedì** (loo-neh-DEE)

 Friday — **Venerdì** (veh-nehr-DEE)

 Tuesday — **Martedì** (mahr-teh-DEE)

 Saturday — **Sabato** (SAH-bah-toh)

 Wednesday — **Mercoledì** (mehr-koh-leh-DEE)

 Sunday — **Domenica** (doh-MEH-nee-kah)

 Thursday — **Giovedì** (joh-veh-DEE)

I MESI – MONTHS

Gennaio
(jehn-NAH-yoh)

Febbraio
(fehb-BRAH-yoh)

Marzo
(MAHR-tsoh)

Aprile
(ah-PREE-leh)

Maggio
(MAHJ-joh)

Giugno
(JOO-nyoh)

Luglio
(LOO-lyoh)

Agosto
(ah-GOH-stoh)

Settembre
(seht-TEHM-breh)

Ottobre
(oht-TOH-breh)

Novembre
(noh-VEHM-breh)

Dicembre
(dee-CHEHM-breh)

LE FORME – SHAPES
(leh FOHR-meh)

il cerchio
(eel CHER-kyoh)

circle

il diamante
(eel dee-a-man-te)

diamond

il rettangolo
(eel reh-TAHN-goh-loh)

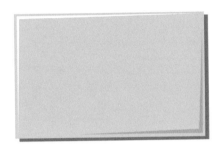

rectangle

il quadrato
(eel kwah-DRAH-toh)

square

la stella
(la STEHL-lah)

star

il triangolo
(eel tree-AHN-goh-loh)

triangle

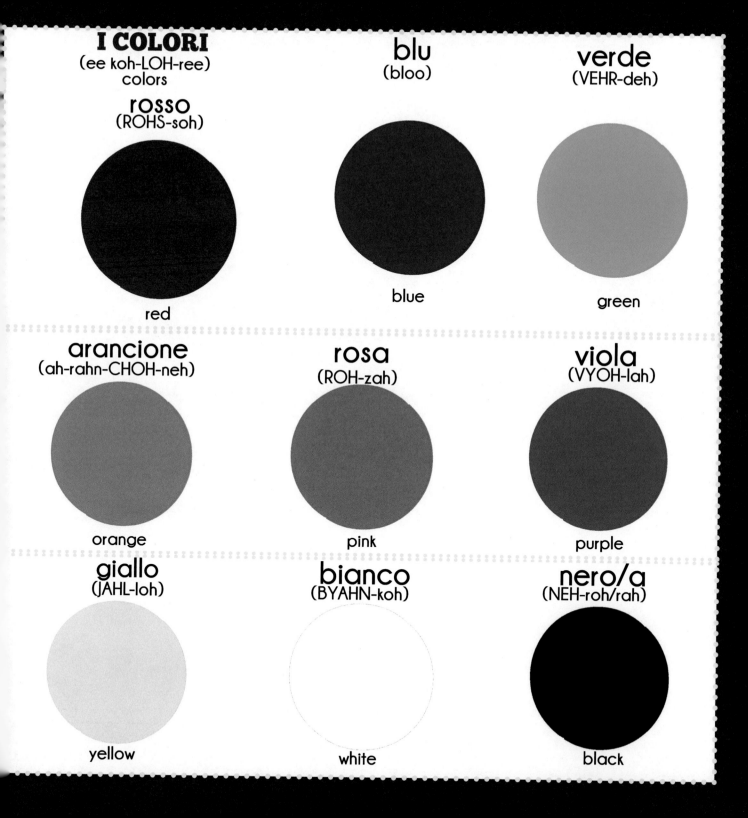

NÚMEROS – NUMBERS
(noo-meh-rohs)

uno
(OO-noh)

due
(DOO-eh)

tre
(treh)

quattro
(KWAHT-troh)

cinque
(cheen-kwe)

one

two

three

four

five

sei
(SEH-ee)

sette
(SEHT-teh)

otto
(ot-to)

nove
(NOH-veh)

dieci
(DYEH-chee)

six

seven

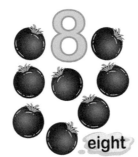
eight

nine

ten

L'ALFABETO - ALPHABET

(ahl-fah-beh-toh)

A a (ah)	B bi (bee)	C ci (chee)	D di (dee)	E e (eh)	F effe (EH-feh)	G gi (jee)	H acca (AHK-kah)	I i (ee)
J i lunga (ee LOON-gah)	K kappa (KAH-pah)	L elle (EHL-leh)	M emme (EHM-meh)	N enne (EHN-neh)	O o (oh)	P pi (pee)	Q qu (koo)	R erre (EHR-reh)
S esse (EH-seh)	T ti (tee)	U u (oo)	V vi (vee)	W dippia vu (DOHP-pyah-voo)	X ics (eeks)	Y ipsilon (EEP-see-lon)	Z zeta (ZEH-tah)	

Italian-English Word List

abbracciare	hugging	la blusa	blouse
l'aereo	airplane	la bocca	mouth
Agosto	August	le bolle	bubbles
l'alce	moose	il bollitore	kettle
l'alligatore	alligator	la borsa	purse
l'ambulanza	ambulance	la boxe	boxing
l'anatra	duck	il braccio	arm
l'anguria	watermelon	i broccoli	broccoli
gli animali	animals	buonanotte	good night
aperto	open	Buongiorno	good morning
Aprile	April	il burro	butter
l'arancia	orange (fruit)	il calcio	soccer
arancione	orange (color)	la calcolatrice	calculator
l'arcobaleno	rainbow	caldo	hot
l'armadio	wardrobe	i calzini	socks
arrabbiato/a	angry	la camera da letto	bedroom
l'arrampicata	climbing	la camicia	shirt
arrivederci	goodbye	il camino	fireplace
l'asciugamano	towel	il camion	truck
asciutto	dry	il camion dei pompieri	fire truck
ascoltare	listening	il cammello	camel
l'autobus	bus	camminare	walking
l'autunno	autumn	il cane	dog
bagnato	wet	i capelli	hair
il bagno	bathroom	il cappello	hat
la balena	whale	il cappotto	coat
la banana	banana	la capra	goat
la barca	boat	la carota	carrot
il baseball	baseball	il carro	wagon
bere	drinking	la carta igienica	toilet paper
la biancheria intima	underwear	la casa	house
bianco	white	il cavallo	horse
la biblioteca	library	il cerchio	circle
il bicchiere	glass	chiaro	light
la bicicletta	bicycle	chiuso/a	closed
i biscotti	cookies	ciao	hello
blu	blue	il cibo	food

Italian-English Word List

cinque	five
la cintura	belt
la ciotola	bowl
la cipolla	onion
la colla	glue
i collant	tights
il collo	neck
i colori	colors
il coltello	knife
il comò	dresser
il coniglio	rabbit
la coperta	blanket
il corpo	body
correre	running
il costume da bagno	swimsuit
la cravatta	necktie
il cucchiaio	spoon
la cucina	kitchen
la cucitrice	stapler
la cugina	cousin (female)
il cugino	cousin (male)
curioso/a	curious
il cuscino	pillow
il dentifricio	toothpaste
il diamante	diamond
Dicembre	December
dieci	ten
il dito	finger
il dito del piede	toe
il divano	couch
la doccia	shower
Domenica	sunday
dormire	sleeping
due	two
duro	hard
l'elefante	elephant
l'elicottero	helicopter
le emozioni	emotions
la famiglia	family
il fazzoletto di carta	tissue
felice	happy
Febbraio	February
la felpa	sweatshirt
la finestra	window
il fischio	whistle
il football americano	football
le forbici	scissors
la forchetta	fork
il formaggio	cheese
le forme	shapes
forte	loud/strong
le fragole	strawberries
il fratello	brother
freddo	cold
il frigorifero	refrigerator
la fronte	forehead
la frusta	whisk
il fulmine	lightning
il gabinetto	toilet
il gallo	rooster
la gamba	leg
il gatto	cat
il gattonare	crawling
il gelato	ice cream
Gennaio	January
la giacca	jacket
giallo	yellow
il ginocchio	knee
giovane	young
la giraffa	giraffe
giovedì	thursday
giù	down
Giugno	June
il globo	globe

Italian-English Word List

il golf	golf	la maglietta	t-shirt
il gomito	elbow	il maglione	sweater
la gonna	skirt	il maiale	pig
il gorilla	gorilla	il mais	corn
grazie	thank you	mangiare	eating
la guancia	cheek	la mano	hand
I guanti	gloves	martedì	tuesday
il gufo	owl	Marzo	March
impaurito/a	afraid	la matita	pencil
in piedi	standing	la mela	apple
l'insalata	salad	il mento	chin
l'insegnante	teacher	mercoledì	wednesday
l'inverno	winter	il microonde	microwave
l'ippopotamo	hippopotamus	morbido	soft
i jeans	jeans	la motocicletta	motorcycle
il karate	karate	la mucca	cow
la lampada	lamp	il naso	nose
il latte	milk	la nave	ship
il lavandino	sink	nero/a	black
la lavastoviglie	dishwasher	la neve	snow
leggere	read	no	no
leggero	light	le noci	nuts
il leone	lion	la nonna	grandmother
l'estate	summer	il nonno	grandfather
il letto	bed	nove	nine
la libreria	bookcase	Novembre	November
il libro	book	i numeri	numbers
il limone	lemon	la nuvola	cloud
Luglio	July	gli occhiali da sole	sunglasses
la lumaca	snail	l'occhio	eye
lunedì	monday	gli opposti	opposites
l'uovo	egg	l'orecchio	ear
il lupo	wolf	l'orologio	clock
la macchina	car	l'orso	bear
la macchina della polizia	police car	otto	eight
la madre	mother	Ottobre	October
Maggio	May	la padella	pan

Italian-English Word List

il padre	father	la primavera	spring
il pallacanestro	basketball	pulito/a	clean
i pancake	pancakes	i quaderni	notebooks
il panda	panda	il quadrato	square
il pane	bread	quattro	four
il panino	sandwich	la racchetta da tennis	tennis racket
i pantaloncini da bagno	swim trunks	la rana	frog
i pantaloni	pants	il razzo	rocket
parlare	talking	il rettangolo	rectangle
i pastelli	crayons	ridere	laugh
le patate	potatoes	il righello	ruler
le patatine	chips	rimbalzare	bounce
le patatine fritte	french fries	il riso	rice
il pattinaggio	skating	rosa	pink
la pecora	sheep	rosso	red
la penna	pen	il rubinetto	faucet
la pentola	pot	sabato	saturday
la pera	pear	la salopette	overalls
per favore	please	saltare	jump
pesante	heavy	il sapone	soap
la pesca	fishing	la scala	scale
il pesce	fish	le scale	stairs
il pettine	comb	le scarpe	shoes
il petto	chest	le scarpe da ginnastica	sneakers
piangere	cry	la sciarpa	scarf
il piatto	plate	la scimmia	monkey
il piede	foot	lo scoiattolo	squirrel
il pigiama	pajamas	lo scooter	scooter
il pinguino	penguin	la scrivania	desk
la pioggia	rain	la scuola	school
la pittura	paint	lo scuolabus	schoolbus
la pizza	pizza	scuro	dark
il pollo	chicken	sedersi	sit
il polso	wrist	la sedia	chair
il pomodoro	tomato	sei	six
i popcorn	popcorn	il serpente	snake
la porta	door	sette	seven

Italian-English Word List

Settembre	September
lo sgabello	stool
lo shampoo	shampoo
sì	yes
silenzioso	quiet
lo skateboard	skateboard
il soggiorno	living room
il sole	sun
sopra	above
il sopracciglio	eyebrow
la sorella	sister
sorpreso	surprised
sotto	below
il sottomarino	submarine
gli spaghetti	spaghetti
la spalla	shoulder
la spazzola	brush
lo spazzolino da denti	toothbrush
lo specchio	mirror
la spesa	groceries
spingere	push
sporco	dirty
gli sport	sports
la spugna	sponge
le stagioni	seasons
la stella	star
gli stivali	boots
lo stomaco	stomach
lo studente	student
la stufa	stove
su	up
sussurrare	whisper
il tacchino	turkey
il tagliere	cutting board
la tartaruga	turtle
il tavolo	table
la tazza	cup
la teiera	teapot
la televisione	television
il tempo	weather
il tennis	tennis
la testa	head
la tigre	tiger
tirare	pull
il toast	toast
il topo	mouse
il tornado	tornado
la torta	cake
il trasporto	transportation
il trattore	tractor
tre	three
il treno	train
il triangolo	triangle
triste	sad
l'uccello	bird
uno	one
la vasca da bagno	bathtub
vecchio	old
la vela	sailing
venerid	friday
il vento	wind
verde	green
i vestiti	clothes
il vestito	dress
viola	purple
il viso	face
la volpe	fox
lo zaino	backpack
la zebra	zebra
la zia	aunt
lo zio	uncle

English-Italian Word List

above	sopra	book	il libro
afraid	impaurito/a	bookcase	la libreria
airplane	l'aereo	boots	gli stivali
alligator	l'alligatore	bounce	rimbalzare
ambulance	l'ambulanza	bowl	la ciotola
angry	arrabbiato/a	boxing	la boxe
animals	gli animali	bread	il pane
apple	la mela	broccoli	i broccoli
April	Aprile	brother	il fratello
arm	il braccio	brush	la spazzola
August	Agosto	bubbles	le bolle
aunt	la zia	bus	l'autobus
autumn	l'autunno	butter	il burro
backpack	lo zaino	cake	la torta
banana	la banana	calculator	la calcolatrice
baseball	il baseball	camel	il cammello
basketball	il pallacanestro	car	la macchina
bathroom	il bagno	carrot	la carota
bathtub	la vasca da bagno	cat	il gatto
bear	l'orso	chair	la sedia
bed	il letto	cheek	la guancia
bedroom	la camera da letto	cheese	il formaggio
below	sotto	chest	il petto
belt	la cintura	chicken	il pollo
bicycle	la bicicletta	chin	il mento
bird	l'uccello	chips	le patatine
black	nero/a	circle	il cerchio
blanket	la coperta	clean	pulito/a
blouse	la blusa	climbing	l'arrampicata
blue	blu	clock	l'orologio
boat	la barca	closed	chiuso/a
body	il corpo	clothes	i vestiti

English-Italian Word List

cloud	la nuvola	eight	otto
coat	il cappotto	elbow	il gomito
cold	freddo	elephant	l'elefante
colors	i colori	emotions	le emozioni
comb	il pettine	eye	l'occhio
cookies	i biscotti	eyebrow	il sopracciglio
corn	il mais	face	il viso
couch	il divano	family	la famiglia
cousin (female)	la cugina	father	il padre
cousin (male)	il cugino	faucet	il rubinetto
cow	la mucca	February	Febbraio
crawling	il gattonare	finger, toe	il dito
crayons	i pastelli	fire truck	il camion dei pompieri
cry	piangere	fireplace	il camino
cup	la tazza	fish	il pesce
cutting board	il tagliere	fishing	la pesca
dark	scuro	five	cinque
December	Dicembre	food	il cibo
desk	la scrivania	foot	il piede
diamond	il diamante	football	il football americano
dirty	sporco	forehead	la fronte
dishwasher	la lavastoviglie	fork	la forchetta
dog	il cane	four	quattro
door	la porta	fox	la volpe
down	giù	french fries	le patatine fritte
dress	il vestito	Friday	Venerdì
dresser	il comò	frog	la rana
dry	asciutto	giraffe	la giraffa
duck	l'anatra	glass	il bicchiere
ear	l'orecchio	globe	il globo
eating	mangiare	gloves	i guanti
egg	l'uovo		

English-Italian Word List

glue	la colla	**karate**	il karate
goat	la capra	**kettle**	il bollitore
golf	il golf	**kitchen**	la cucina
good morning	buongiorno	**knee**	il ginocchio
good night	buonanotte	**knife**	il coltello
goodbye	arrivederci	**lamp**	la lampada
gorilla	il gorilla	**laugh**	ridere
grandfather	il nonno	**leg**	la gamba
grandmother	la nonna	**lemon**	il limone
green	verde	**library**	la biblioteca
groceries	la spesa	**light (opposite of**	
hair	i capelli	**heavy)**	leggero
hand	la mano	**lightning**	il fulmine
happy	felice	**lion**	il leone
hard	duro	**listening**	ascoltare
hat	il cappello	**living room**	il soggiorno
head	la testa	**loud**	forte
heavy	pesante	**March**	Marzo
helicopter	l'elicottero	**May**	Maggio
hello	ciao	**microwave**	il microonde
hippopotamus	l'ippopotamo	**milk**	il latte
horse	il cavallo	**mirror**	lo specchio
hot	caldo	**Monday**	Lunedi
house	la casa	**monkey**	la scimmia
hugging	abbracciare	**moose**	l'alce
ice cream	il gelato	**mother**	la madre
jacket	la giacca	**motorcycle**	la motocicletta
January	Gennaio	**mouse**	il topo
jeans	i jeans	**mouth**	la bocca
July	Luglio	**neck**	il collo
jump	saltare	**necktie**	la cravatta
June	Giugno	**nine**	nove

English-Italian Word List

no	no	pot	la pentola
nose	il naso	potatoes	le patate
notebooks	i quaderni	pull	tirare
November	Novembre	purple	viola
numbers	i numeri	purse	la borsa
nuts	le noci	push	spingere
October	Ottobre	quiet	silenzioso
old	vecchio	rabbit	il coniglio
one	uno	rain	la pioggia
onion	la cipolla	rainbow	l'arcobaleno
opposites	gli opposti	read	leggere
orange (color)	arancione	rectangle	il rettangolo
orange (fruit)	l'arancia	red	rosso
owl	il gufo	refrigerator	il frigorifero
paint	la pittura	rice	il riso
pajamas	il pigiama	rocket	il razzo
pancakes	i pancake	rooster	il gallo
panda	il panda	ruler	il righello
pants	i pantaloni	sad	triste
pear	la pera	sailing	la vela
pen	la penna	salad	l'insalata
pencil	la matita	sandwich	il panino
penguin	il pinguino	Saturday	Sabato
pig	il maiale	scale	la scala
pillow	il cuscino	scarf	la sciarpa
pink	rosa	school	la scuola
pizza	la pizza	schoolbus	lo scuolabus
plate	il piatto	scissors	le forbici
please	per favore	scooter	lo scooter
	la macchina della	seasons	le stagioni
police car	polizia	September	Settembre
popcorn	i popcorn	seven	sette

English-Italian Word List

shampoo	lo shampoo	stapler	la cucitrice
shapes	le forme	star	la stella
ship	la nave	stomach	lo stomaco
shirt	la camicia	stool	lo sgabello
shoes	le scarpe	strawberries	le fragole
shoulder	la spalla	strong	forte
shower	la doccia	student	lo studente
sink	il lavandino	submarine	il sottomarino
sister	la sorella	summer	l'estate
sit	sedersi	sun	il sole
six	sei	Sunday	Domenica
skateboard	lo skateboard	sunglasses	gli occhiali da sole
skating	il pattinaggio	surprised	sorpreso
skirt	la gonna	sweater	il maglione
sleeping	dormire	sweatshirt	la felpa
snail	la lumaca		i pantaloncini da
snake	il serpente	swim trunks	bagno
	le scarpe da	swimsuit	il costume da bagno
sneakers	ginnastica	table	il tavolo
snow	la neve	talking	parlare
soap	il sapone	teacher	l'insegnante
soccer	il calcio	teapot	la teiera
socks	i calzini	television	la televisione
soft	morbido	ten	dieci
spaghetti	gli spaghetti	tennis	il tennis
spoon	il cucchiaio	tennis racket	la racchetta da tennis
sports	gli sport	thank you	grazie
spring	la primavera	three	tre
square	il quadrato	Thursday	Giovedi
squirrel	lo scoiattolo	tiger	la tigre
stairs	le scale	tights	i collant
standing	in piedi	tissue	il fazzoletto di carta

English-Italian Word List

toast	il toast	wind	il vento
toe	il dito del piede	window	la finestra
toilet	il gabinetto	winter	l'inverno
toilet paper	la carta igienica	wolf	il lupo
tomato	il pomodoro	wrist	il polso
toothbrush	lo spazzolino da denti	yellow	giallo
toothpaste	il dentifricio	yes	si
tornado	il tornado	young	giovane
towel	l'asciugamano	zebra	la zebra
tractor	il trattore		
train	il treno		
transportation	il trasporto		
triangle	il triangolo		
truck	il camion		
t-shirt	la maglietta		
Tuesday	Martedi		
turkey	il tacchino		
turtle	la tartaruga		
two	due		
uncle	lo zio		
underwear	la biancheria intima		
up	su		
wagon	il carro		
wardrobe	l'armadio		
watermelon	l'anguria		
weather	il tempo		
Wednesday	Mercoledi		
wet	bagnato		
whale	la balena		
whisk	la frusta		
whisper	sussurrare		
whistle	il fischio		

Published by Dylanna Press an imprint of Dylanna Publishing, Inc.
Copyright © 2024 by Dylanna Press

Editor: Julie Grady

Printed in the U.S.A.

Made in United States
Orlando, FL
11 February 2025

58435120R00033